W9-ANU-968

Cuentos para empezar

EL TRAJE NUEVO DEL EMPERADOR

por Patricia y Fredrick McKissack

Ilustrado por Gwen Connelly

Preparado bajo la dirección de Robert Hillerich, Ph.D.

Traductora: Lada Josefa Kratky

Consultante: Dr. Orlando Martinez-Miller

CHILDRENS PRESS ®

CHICAGO

Library of Congress Cataloging-in-Publication Data

McKissack, Patricia, 1944-
El traje nuevo del emperador

(Cuentos para empezar)
Resumen: Una versión fácil del cuento del emperador vanidoso y los dos sastres mentirosos.
[1. Cuentos de hadas] I. McKissack, Fredrick. II. Connelly, Gwen, il. III. Título. IV. Serie.
P28.M4594ki 1989 [E] 86-33422
ISBN 0-516-32365-2

 Published simultaneously in Canada.
Printed in the United States of America.
2 3 4 5 6 7 8 9 10 R 96 95 94

¡Mira!
El emperador tiene un traje nuevo.

¡Mira! ¡Mira!
El emperador tiene otro traje nuevo.

¡Mira! ¡Mira! ¡Mira!

Al emperador le gustan los trajes nuevos.

El emperador tiene trajes de muchos colores.

Pero, el emperador dijo: —¡Quiero más! Cambio este oro por un traje nuevo.

Dos hombres malos vienen
a ver al emperador.

—Compra nuestro traje. Queremos oro... oro... oro. Los hombres listos ven nuestro traje. ¿Puede verlo?

—¿Eh? Sí. Yo soy listo —dijo
el emperador—. Yo veo el traje.
Aquí está el oro.

El emperador se pone el traje nuevo.

Dijo: —Los hombres listos
ven mi traje nuevo.
¿Lo ves tú?

—Yo soy listo. Yo veo el traje. El traje es rojo.

—No, es azul.
—No, es amarillo.

—Yo soy listo, también.
Yo veo el traje.

—Yo, también.
—Yo, también.
—Yo, también.

—Todos somos listos.
Vemos el traje.

¿Ves tú el nuevo traje del emperador?

—Yo no —dijo un niño—.
Ja, ja, ja. El emperador
no lleva ropa puesta.

Y, el emperador y todos supieron que así era.

a
al
amarillo
aquí
así
azul
cambio
colores
compra
de
del
dijo
dos
el
eh
emperador
era
está
este
gustan
hombres
ja
le
listos
lo
los
malos
más
mi
mira
muchos
niño
no
nuestro
nuevo(s)
oro
otro
pone
por
puedo
que
queremos
quiero
rojo
se
sí
somos
soy
supieron
también
tiene
todos
traje(s)
tú
un
vemos
ven
veo
ver
verlo
ves
vienen
yo

Sobre los autores

Patricia y Fredrick McKissack son escritores independientes, editores y maestros de composición. Son propietarios de All-Writing Services, un negocio situado en Clayton, Missouri. Desde el año 1975, los McKissack han publicado numerosos artículos para revistas y cuentos para lectores jóvenes y adultos. También han dirigido clases de educación y redacción por todo el país. Los McKissack viven con sus tres hijos en una casa remodelada en el centro de la ciudad de St. Louis.

Sobre la artista

Gwen Connelly nació en Chicago en 1952. Después de estudiar bellas artes en la Universidad de Montana, trabajó en varias áreas del arte comercial. Desde que se ha concentrado en el campo de las publicaciones infantiles, ha ilustrado varios libros de cuentos, como también ha contribuido a numerosos programas educacionales. Gwen Connelly vive en Highland Park, Illinois, con su esposo, dos hijos y cuatro gatos.